ZÉRØ VIANDE ZÉRØ POISSON

JEAN-FRANÇOIS PIÈGE

Plus de **50 RECETTES** végétales et gourmandes

ZÉRØ VIANDE
ZÉRØ POISSON

JEAN-FRANÇOIS PIÈGE

Plus de

50 RECETTES

végétales et gourmandes

Photographies : Charly DESLANDES

hachette
CUISINE

À Élodie, Antoine et Pia,
mes amours.

SOMMAIRE

LES CUISSONS

LES CLASSIQUES

LES SAUCES

LES CRÉATIONS

INTRODUCTION

Après le succès de mon livre de recettes *Zéro gras*, j'ai voulu délivrer ma vision personnelle de la cuisine végétale et rendre hommage aux légumes, à la saisonnalité et à la richesse du territoire français.

Bien que je ne sois pas végétarien, j'ai souhaité faire oublier tous les préjugés que nous pouvions avoir sur ces produits relayés bien trop souvent au rôle d'accompagnement, ou qui sont synonymes de régime alimentaire et de manque de plaisir. Il est temps de rendre aux légumes toutes leurs lettres de noblesse. En proposant des techniques de cuisson singulières et des versions végétales de plats français traditionnellement cuisinés à base de viande ou de poisson, je vous livre dans ce nouvel opus *Zéro viande, zéro poisson* un recueil d'astuces ; un guide pratique et ludique, avec des recettes faciles à réaliser, sans protéines animales, mais pas sans gourmandise !

Paupiettes de blettes, blanquette de légumes verts, carottes des sables comme un lapin à la moutarde, tartare de betteraves, boudin blanc de chou-fleur, sauce financière ou encore la cuisson du navet dans des feuilles de figuier… Régalez-vous de cet univers de textures, de saveurs et de couleurs, où légumes, herbes aromatiques et épices seront vos nouveaux alliés. Entre cuissons, créations et recettes classiques, les légumes n'auront plus de secrets pour vous !

Jean-François Piège

LES CUISSONS

À L'ANGLAISE
Le haricot vert

POUR 2 PERSONNES II TEMPS DE PRÉPARATION : 5 MIN

• ACCOMPAGNEMENT •

400 g de haricots verts équeutés
Gros sel

1

• Lavez, égouttez et équeutez les haricots verts.

• Portez à ébullition une grande quantité d'eau salée au gros sel.

2

• N'hésitez pas à la goûter pour vérifier.

3

• Plongez les haricots verts dans l'eau bouillante.

4

• Une fois cuits, versez les haricots dans une grande quantité d'eau glacée pour les refroidir.

LÉGUMES SAUTÉS
L'épinard

POUR 2 PERSONNES II TEMPS DE PRÉPARATION : 10 MIN

• ACCOMPAGNEMENT •

500 g d'épinards frais équeutés
½ gousse d'ail
50 g de beurre demi-sel
Sel et poivre du moulin

• Piquez la demi-gousse d'ail au bout d'une fourchette.

• Faites chauffer une poêle. Ajoutez-y le beurre.

• Prenez la fourchette piquée d'ail et remuez jusqu'à ce que le beurre soit noisette.

• Versez les épinards et mélangez avec la fourchette piquée d'ail, puis salez légèrement. Laissez cuire à feu moyen.

• Juste avant qu'ils ne soient totalement cuits, débarrassez les épinards pour éviter qu'ils ne rendent trop d'eau.

• Dressez et poivrez.

À SAVOIR

Attention au sel : le volume d'épinards cuits est toujours bien moindre que celui des épinards crus, la densité de sel est donc plus importante en fin de cuisson, d'autant plus que l'épinard en contient déjà pas mal à cru.

À LA COCOTTE-MINUTE®

Le romanesco

POUR 2 PERSONNES II TEMPS DE PRÉPARATION : 5 MIN

• ACCOMPAGNEMENT •

1 chou romanesco
Eau
Sel

Ce que j'aime dans la Cocotte-Minute®, c'est que l'on peut réaliser des cuissons à la dernière minute, rapides pour obtenir des légumes délicieux.

1

- Lavez, égouttez et enlevez les feuilles du romanesco, puis déposez-le dans le panier de la Cocotte-Minute®.
- Versez l'eau et salez.

2

- Faites monter la Cocotte-Minute® en pression pendant 6 min.

3

- Une fois cuit, débarrassez le romanesco du panier.

EN PAPILLOTE
Le poireau

POUR 2 PERSONNES II TEMPS DE PRÉPARATION : 15 MIN

• ACCOMPAGNEMENT •

4 gros ou 8 petits poireaux
2 cl d'huile d'olive
2 branches de thym
2 branches de romarin
Sel

1

• Préchauffez le four à 230 °C (th. 7-8).

2

• Lavez les poireaux à l'eau claire, puis égouttez-les.

• Coupez et enlevez la première peau ainsi que le vert des poireaux.

3

• Placez les poireaux dans une papillote en papier d'aluminium, puis arrosez d'huile d'olive et saupoudrez de feuilles de thym, de romarin et de sel.

4

• Enfournez pour 30 min environ selon la taille des poireaux.

5

• Laissez la papillote refroidir pendant quelques minutes avant de les ouvrir.

6

• Supprimez les premières peaux des poireaux. Dressez avec du thym et arrosez de 1 filet d'huile d'olive.

À SAVOIR

Cuire les légumes en papillote permet de concentrer leurs saveurs en conservant leur goût originel : carottes, navets, céleri, etc.

EN BEIGNET
La fleur de courgette

POUR 4 PERSONNES II TEMPS DE PRÉPARATION : 15 MIN

• À L'APÉRO •

12 fleurs de courgette
Huile de friture
Fleur de sel

Pour la pâte à beignet
150 g de farine
1 œuf
22,5 cl d'eau de source glacée
½ botte de basilic
1 pointe d'ail émincé
Sel

• Préparez la pâte à beignet : dans un saladier, versez la farine tamisée, puis ajoutez l'œuf, l'eau de source glacée et le sel.

• Mélangez à l'aide d'un fouet et laissez reposer à température ambiante pendant 2 h.

• Retirez le pédoncule des fleurs de courgette.

• Lavez et effeuillez le basilic, concassez-le et incorporez-le à la pâte à beignet avec la pointe d'ail haché.

4

• Trempez les fleurs de courgettes dans la pâte à beignet, retirez-les, enlevez l'excédent de pâte, puis plongez-les une à une dans l'huile de friture à 160 °C.

5

• Dès qu'elles sont légèrement blondes, égouttez-les sur du papier absorbant.

6

• Dressez-les et assaisonnez-les de sel.

À SAVOIR

Réalisez cette cuisson au dernier moment pour conserver le croustillant, le moelleux et la saveur si fine de la fleur de courgette.

EN TEMPURA
La courgette et l'aubergine

POUR 2 PERSONNES II TEMPS DE PRÉPARATION : 20 MIN

• À L'APÉRO •

1 courgette
1 aubergine
Huile de friture
Piment d'Espelette
Sel

Pâte à tempura
150 g de farine de riz
60 g de Maïzena®
80 g de vin blanc
150 g de bière

C'est ma recette de pâte à tempura mais on peut la réaliser seulement avec de la farine de riz et de l'eau pétillante. Ma recette est un peu plus épaisse, mais c'est comme cela que je l'aime.

- Lavez et égouttez les courgettes et les aubergines. Taillez-les en rondelles à l'aide d'une mandoline sans les éplucher mais après avoir enlevé leur pédoncule.
- Préparez la pâte à tempura : versez la farine de riz et la Maïzena® dans un saladier, puis ajoutez le vin blanc et la bière, et mélangez bien.

- Faites chauffer l'huile de friture. Enrobez chaque rondelle dans la pâte à tempura.

- Faites frire pendant quelques minutes jusqu'à ce que les tempuras soient dorés. Débarrassez-les, puis égouttez-les sur un linge propre.

- Dressez un dôme sur une serviette dans une assiette. Assaisonnez de sel et de piment d'Espelette.

RÔTI AU FOUR
Le chou-fleur

POUR 1 CHOU-FLEUR II TEMPS DE PRÉPARATION : 5 MIN

• ACCOMPAGNEMENT •

1 chou-fleur
60 g de beurre demi-sel
1 pointe de sumac
Sel et poivre du moulin

On peut déguster ce chou-fleur rôti avec simplement un condiment ou bien en garniture d'un plat.

1

• Préchauffez le four à 180 °C (th. 6). Lavez, égouttez et déposez le chou-fleur dans un plat à gratin ou à rôtir. Salez.

2

• Déposez au-dessus le beurre taillé en cubes. Enfournez le chou-fleur pour 20 à 30 min (selon la taille du chou-fleur).

3

• À la sortie du four, saupoudrez de sumac et de poivre du moulin, puis dressez.

À LA BRAISE
Le poivron

POUR 2 PERSONNES II TEMPS DE PRÉPARATION : 15 MIN

• ACCOMPAGNEMENT •

3 poivrons
Huile d'olive
Sel

1

• Lavez les poivrons, puis faites-les griller entiers sur la braise (ou sous le gril du four).

2

• Lorsque la peau des poivrons est totalement noire, réservez-les.

3

• Épluchez-les à l'aide d'un couteau, puis ouvrez-les pour retirer les graines et le pédoncule. Dressez, puis arrosez d'huile d'olive et assaisonnez de sel.

CONFIT
La pomme de terre et le topinambour

POUR 2 À 4 PERSONNES II TEMPS DE PRÉPARATION : 30 MIN

• ACCOMPAGNEMENT •

6 à 7 topinambours
4 pommes de terre Roseval
75 cl d'huile d'olive
1 branche de romarin
1 branche de thym
1 petit piment oiseau
(ou du piment d'Espelette)
2 gousses d'ail

Vous pouvez utiliser ces topinambours confits dans une daube (voir page 176) ou bien juste poêlés en accompagnement.

1

• Lavez, égouttez et épluchez les topinambours et les pommes de terre. Faites chauffer l'huile d'olive, puis mettez les herbes, le piment et les gousses d'ail à infuser.

2

• Ajoutez les topinambours et les pommes de terre.

3

• Laissez confire jusqu'à ce que les pommes de terre et les topinambours soient fondants. Vérifiez à l'aide de la pointe d'un couteau.

4

• Une fois confits, débarrassez les gousses d'ail et le piment oiseau. Laissez refroidir et reposer dans l'huile de cuisson.

EN CROÛTE DE BRIOCHE
Le brocoli

POUR 1 BRIOCHE POUR 2 PERSONNES II TEMPS DE PRÉPARATION : 20 MIN

• ENTRÉE •

1 brocoli
1 abaisse de pâte à brioche
1 jaune d'œuf
Farine
Sel

Pour la pâte à brioche
(voir page 201)

• Préchauffez le four à 160 °C (th. 5-6), chaleur tournante.

• Lavez à l'eau claire, puis égouttez les têtes de brocoli. Faites blanchir les brocolis dans de l'eau bouillante salée, puis refroidissez-les dans de l'eau glacée. Égouttez-les.

• Déposez les brocolis sur un torchon propre et pressez-les au-dessus d'un bol pour retirer le maximum d'eau.

• Formez une boule.

• Farinez le plan de travail, puis étalez la pâte à brioche en un disque.

5

• Posez les brocolis au centre et enveloppez-les de pâte à brioche. Veillez à bien enlever toutes les poches d'air. Laissez pousser pendant 1 h.

6

• Badigeonnez la brioche de jaune d'œuf, puis enfournez pour 40 min.

7

• Laissez refroidir sur une grille pendant 10 min avant de déguster.

À SAVOIR

Cette brioche sera délicieuse avec un crémeux de parmesan (voir page 108).
Cette recette fonctionne aussi très bien avec du romanesco.

EN CROÛTE DE SEL
La betterave

POUR 2 PERSONNES II TEMPS DE PRÉPARATION : 10 MIN

• ENTRÉE •

1 grosse betterave crue rouge
(ou d'une autre variété)
Gros sel
Beurre demi-sel

• Préchauffez le four à 200 °C (th. 6-7). Humidifiez le gros sel avec de l'eau.

• Déposez un lit de gros sel dans un plat à gratin.

• Déposez la betterave et recouvrez-la entièrement et uniformément de gros sel.

• À l'aide de la paume de vos mains, réalisez un dôme de sel.

• Enfournez pour 2 h.

5

- Laissez tiédir, puis cassez la croûte de sel pour récupérer la betterave.
- Épluchez la betterave et coupez-la en quartiers.
- Dressez dans une assiette creuse et servez avec du beurre demi-sel.

À SAVOIR

Cette recette sera parfaite pour débuter un repas : vous pouvez la servir avec une pointe de curry, un trait de balsamique, etc.

EN CROÛTE DE RIZ
L'asperge blanche

POUR 2 PERSONNES II TEMPS DE PRÉPARATION : 10 MIN

• ENTRÉE •

8 asperges blanches
25 g de beurre
400 g de riz basmati (ou de riz parfumé)
cuit au rice cooker
Sel

C'est pour moi la meilleure cuisson pour les asperges, car elles conservent ainsi tout leur goût.

1

• Préchauffez le four à 200 °C (th. 6-7).
Déposez les asperges lavées, égouttées et épluchées dans un plat à gratin avec quelques noisettes de beurre, salez.

2

• Recouvrez entièrement et uniformément de riz cuit.

3

• Enfournez pour 14 min.

4

• À la sortie du four, débarrassez les asperges du riz, puis dressez-les. Parsemez de quelques grains de riz grillés.

EN CROÛTE D'ARGILE
Le fenouil

POUR 1 FENOUIL II TEMPS DE PRÉPARATION : 15 MIN

• ENTRÉE •

1 fenouil
2 pâtons d'argile
Le jus et le zeste de 1 citron vert
1 pincée de curry
1 filet d'huile d'olive
Fleur de sel

• Préchauffez le four à 230 °C (th. 7-8).

• À l'aide d'un rouleau à patisserie, abaissez un des pâtons d'argile.

• Posez le fenouil au centre.

• Badigeonnez l'argile d'eau à l'aide d'un pinceau, puis refermez sur le fenouil.

• Coupez le surplus à l'aide d'un emporte-pièce, puis striez le dessus de l'argile.

• Enfournez pour 1 h 20 de cuisson.

• Une fois cuit, sortez du four et cassez la coque d'argile.

5

• Épluchez le fenouil, puis taillez-le en tranches épaisses.

• Dressez sur une assiette, saupoudrez de curry, ajoutez le jus et le zeste de citron vert, l'huile d'olive et salez à la fleur de sel.

À LA BROCHE
Le navet

POUR 4 PERSONNES II TEMPS DE PRÉPARATION : 15 MIN

• ENTRÉE •

1 navet Daïkon
1 cuil. à soupe de miel
25 cl de porto rouge
Le zeste de 1 citron vert
1 grosse pincée de piment d'Espelette
1 râpée de gingembre frais
1 à 2 branches de coriandre
Graines de sésame torréfiées
Fleur de sel et poivre du moulin

• Lavez et épluchez le navet.

• Dans un saladier, versez le miel, le porto, le zeste de citron vert, le piment d'Espelette et le gingembre.

• Mélangez à l'aide d'un fouet.

• Versez sur le navet et laissez mariner pendant 1 h.

• Faites cuire le navet à la broche pendant 1 h 30 minimum, en le lustrant régulièrement de marinade à l'aide d'un pinceau et en récupérant le jus qui tombe au fond de la lèche frite et qui fera un joli glaçage.

5

- Une fois cuit, coupez le navet en tranches, comme un rôti.
- Dressez et assaisonnez de fleur de sel.
- Déposez quelques pluches de coriandre et saupoudrez de graines de sésame torréfiées.

SOUS LA CENDRE
Le panais

POUR 2 PERSONNES II TEMPS DE PRÉPARATION : 10 MIN

• ACCOMPAGNEMENT •

2 panais
1 filet d'huile d'olive
50 g de beurre fondu
Ciboulette ciselée
Sel

- Lavez les panais, égouttez-les, puis déposez-les sur une feuille de papier d'aluminium.
- Arrosez-les d'huile d'olive et assaisonnez-les de sel.

- Fermez la papillote hermétiquement.
- Ensevelissez la papillote sous la cendre de la cheminée ou du barbecue pendant 15 à 20 min.

- Ouvrez la papillote, coupez les panais en deux dans la longueur.
- Saupoudrez de ciboulette ciselée et arrosez de beurre fondu.

EN FEUILLES DE FIGUIER
Le navet

POUR 2 PERSONNES II TEMPS DE PRÉPARATION : 20 MIN

• ACCOMPAGNEMENT •

2 bottes de navets
10 feuilles de figuier
Huile d'olive
½ verre de porto rouge
Le jus de 1 orange
Sel et poivre du moulin

1

• Préchauffez le four à 180 °C (th. 6).

• Tapissez le fond et les bords d'une cocotte des feuilles de figuier préalablement lavées.

2

• Lavez et épluchez les navets, puis coupez-les en deux et déposez-les dans la cocotte.

• Arrosez-les d'huile d'olive, de porto rouge et de jus d'orange et assaisonnez-les de sel.

• Repliez les feuilles de figuier comme une papillotte sur les navets. Couvrez la cocotte, puis enfournez pour 20 à 25 min.

3

• À la sortie du four, soulevez les feuilles de figuier et vérifiez la cuisson des navets à l'aide de la pointe d'un couteau.

• Assaisonnez de sel et de poivre.

• Dressez les feuilles avec les navets dans un plat de service.

DANS LE FOIN
Le céleri

POUR 4 PERSONNES II TEMPS DE PRÉPARATION : 10 MIN

• ENTRÉE OU PLAT •

1 céleri-rave
3 grosses poignées de foin bio
20 g de beurre demi-sel
Le jus de 1 citron vert
Sel et poivre du moulin

Vous pouvez aussi réaliser cette cuisson dans une cocotte :
dans ce cas, veillez à ce que le couvercle ferme bien hermétiquement.

1

• Préchauffez le four à 220 °C (th. 7-8). Enveloppez le céleri de foin, puis de papier d'aluminium.

2

• Déposez quelques morceaux de beurre avant de fermer la papillote. Enfournez pour 2 h à 2 h 30 de cuisson selon la taille du céleri.

3

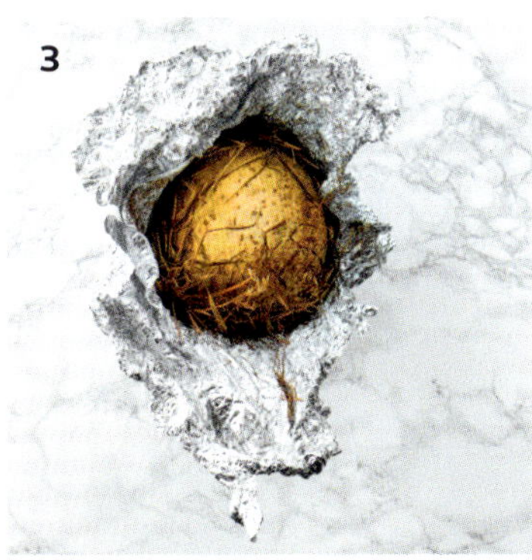

• Sortez le céleri du four, débarrassez-le du papier d'aluminium

4

• Coupez-le en quatre. Enlevez la peau, puis coupez chaque quartier en tranches ou en petits morceaux.

• Déposez un peu de beurre demi-sel sur le céleri lorsqu'il est encore chaud, puis salez et poivrez. Au moment du dressage, arrosez de jus de citron vert.

CUISSON DES POIS CHICHES

POUR 2 PERSONNES II TEMPS DE PRÉPARATION : 10 MIN

• ACCOMPAGNEMENT •

200 g de pois chiches
4 gousses d'ail en chemise
1 bouquet garni (1 vert de poireau, 1 brindille de thym, 1 feuille de laurier, 5 queues de persil)
1 pincée de gros sel gris de mer

Parfait pour réaliser une salade, une purée ou une garniture.

1

- Faites tremper les pois chiches dans un bol d'eau tiède pendant 12 h. Égouttez-les.

2

- Versez les pois chiches dans une grande casserole d'eau froide avec le bouquet garni et les gousses d'ail.

3

- Faites cuire à frémissement pendant 2 h 30 à 3 h 00. Salez en cours de cuisson.

4

- Une fois cuits, égouttez et réservez les pois chiches dans un bol.

CUISSON DES LENTILLES

POUR 2 PERSONNES II TEMPS DE PRÉPARATION : 10 MIN

• ACCOMPAGNEMENT •

200 g de lentilles vertes du Puy
1 pincée de gros sel gris de mer

Beaucoup pensent qu'il faut cuire les lentilles dans de l'eau froide au départ, mais elles seront bien meilleures versées dans de l'eau bouillante.

1

• Portez à ébullition une casserole d'eau salée.

2

• Versez les lentilles, puis laissez cuire entre 7 à 9 min suivant la cuisson souhaitée.

3

• Égouttez les lentilles et réservez-les dans un bol.

LES CLASSIQUES

VELOUTÉ DE CHOU-FLEUR

POUR 4 PERSONNES II TEMPS DE PRÉPARATION : 10 MIN

• ENTRÉE •

1 chou-fleur
1 l de crème liquide
50 g de beurre
1 pincée de curry
Quelques branches de cerfeuil
Sel et poivre du moulin

• Lavez, égouttez et taillez le chou-fleur en morceaux.

• Mettez-les dans une casserole avec la crème, 1 pincée de curry et de sel.

• Faites-les cuire à couvert.

• Une fois cuit, mixez le chou-fleur jusqu'à obtenir une texture onctueuse.

• Vérifiez l'assaisonnement.

• Dressez le velouté dans des bols ou des assiettes creuses.

• Dispersez de petits morceaux de beurre à la surface du velouté, ajoutez quelques pluches de cerfeuil et saupoudrez de curry.

SOUPE AU PISTOU

POUR 4 PERSONNES II TEMPS DE PRÉPARATION : 30 MIN

• ENTRÉE •

200 g de pommes de terre
300 g de carottes
150 g de courgettes
200 g de haricots cocos frais
200 g d'oignons paille
200 g de blancs de poireau
200 g de céleri-branche
4 gousses d'ail
2 tomates
100 g de navets
1,5 l de bouillon de légumes (ou d'eau)
3 cl d'huile d'olive
4 grosses cuil. à soupe de pistou *(voir page 201)*
Fleur de sel et poivre du moulin

1

• Préparez les légumes : épluchez et lavez tous les légumes entrant dans la composition de la soupe (sauf les tomates), puis taillez-les en une fine brunoise.

• Pelez les tomates, coupez-les en quatre et retirez le cœur et les pépins.

• Écrasez les gousses d'ail en chemise.

• Mettez les haricots cocos dans une casserole, couvrez-les d'eau froide et portez à ébullition.

2

• Faites cuire la soupe : dans une cocotte, versez 1 filet d'huile d'olive, puis ajoutez les oignons, les carottes, le céleri, les blancs de poireau et les gousses d'ail écrasées. Assaisonnez légèrement et laissez fondre 1 min.

• Versez le navet et mouillez avec le bouillon de légumes. Portez à ébullition.

• Ajoutez les pommes de terre, portez à nouveau à ébullition et terminez la cuisson avec l'ajout des dés de courgette.

3

• À la fin de la cuisson, ajoutez les dés de tomate et, hors du feu, liez la soupe avec le pistou.

4

• Servez chaud et ajoutez avant la dégustation un filet d'huile d'olive et un tour de moulin à poivre.

CAROTTES VICHY

POUR 4 PERSONNES II TEMPS DE PRÉPARATION : 20 MIN

• ACCOMPAGNEMENT •

10 carottes moyennes
50 g de beurre
4 branches de persil plat émincées
Eau de source
Sel

• À l'aide du tampon vert d'une éponge, grattez les carottes, puis taillez-les en rondelles à l'aide d'une mandoline.

• Mettez les carottes dans un sauteuse avec le beurre taillé en dés. Salez.

• Mouillez d'eau à peine à hauteur.

• Couvrez et laissez cuire à feu vif pendant 20 à 25 min.

5

• Dressez et saupoudrez de persil plat émincé.

MA PURÉE DE POMMES DE TERRE

POUR 4 PERSONNES II TEMPS DE PRÉPARATION : 30 MIN

• ACCOMPAGNEMENT •

1 kg de pommes de terre à purée
25 cl de lait entier
500 g de beurre
Gros sel et sel fin

1

• Faites cuire les pommes de terre non épluchées dans de l'eau salée au gros sel et portée à ébullition.

2

• Épluchez les pommes de terre encore chaudes.

3

• Écrasez-les au presse-purée au-dessus d'une casserole à feu doux.

4

• Portez le lait à ébullition, puis versez-le sur les pommes de terre et mélangez à l'aide d'un fouet.

5

• Ajoutez le beurre taillé en dés.

6

• Fouettez jusqu'à obtenir une texture lisse et homogène. Si nécessaire, passez la purée au tamis. Salez.

À SAVOIR

Pour une purée très riche et très onctueuse, prenez les quantités suivantes : 1 kg de pommes de terre, 1 kg de beurre et 15 cl de lait.

PURÉE DE CAROTTES

POUR 4 PERSONNES II TEMPS DE PRÉPARATION : 20 MIN

• ACCOMPAGNEMENT •

900 g de carottes
200 g de crème double
30 g de beurre
Sel et poivre du moulin

1

• Grattez les carottes à l'aide du tampon vert d'une éponge, puis coupez-les en rondelles.

2

• Dans une sauteuse, déposez les carottes et le beurre taillé en dés, puis mouillez d'eau à hauteur.

3

• Faites cuire pendant 20 min environ à couvert jusqu'à ce que les carottes soient fondantes et brillantes.

4

• Enlevez le couvercle et laissez l'eau s'évaporer.

5

• Une fois cuites, ajoutez la crème, assaisonnez et laissez mijoter pendant 5 min.

6

• Mixez les carottes à l'aide d'un mixeur jusqu'à obtenir une texture homogène. Rectifiez l'assaisonnement si nécessaire.

À SAVOIR

Ce type de cuisson s'applique à beaucoup de légumes racines: céleri, topinambours, persil tubéreux, etc.

ENDIVES BRAISÉES

POUR 4 PERSONNES II TEMPS DE PRÉPARATION : 10 MIN

• ACCOMPAGNEMENT •

8 endives de pleine terre
50 g de beurre demi-sel
2 l de bouillon de légumes (ou d'eau)
Sucre
Sel et poivre du moulin

1

• Préchauffez le four à a 180 °C (th. 6). Coupez le bout, enlevez les feuilles abîmées et lavez soigneusement les endives.

2

• Dans une sauteuse, faites fondre le beurre à feu moyen, puis disposez les endives côte à côte. Salez-les et sucrez-les, puis faites-les suer en les retournant toutes les 2 min.

3

• Au bout de 15 min de cuisson, ajoutez le bouillon de légumes (ou l'eau) et portez à ébullition. Faites cuire au four et à couvert pendant 45 min environ. Veillez à ce que les endives n'attachent pas. Débarrassez et laissez refroidir les endives avant de les presser.

4

• Faites réduire le jus de cuisson des endives avec 10 g de beurre et fouettez pour émulsionner. Arrosez les endives de ce jus.

AUBERGINE À LA FLAMME

POUR 2 PERSONNES II TEMPS DE PRÉPARATION : 15 MIN

• ENTRÉE •

1 grosse aubergine
1 tomate
20 g de parmesan
½ tige de cébette

1 filet de vinaigre de vin
2 cuil. à soupe d'huile d'olive + 1 filet
1 pincée de sumac
Sel et poivre du moulin

• Lavez, égouttez et posez l'aubergine entière sur la grille du barbecue chaud.

• Laissez cuire pendant 15 à 20 min jusqu'à ce que l'aubergine soit mœlleuse.

• Une fois cuite, enlevez la peau de l'aubergine à l'aide du bout des doigts, puis concassez-la grossièrement.

• Assaisonnez de sel et de sumac, puis versez le vinaigre de vin.

• Taillez les tomates en dés, puis ajoutez-les à l'aubergine avec 2 cuil. à soupe d'huile d'olive et poivrez.

5

- Mélangez, puis placez au frais pendant 3 à 4 h.
- Avant de servir, goûtez et vérifiez l’assaisonnement. Arrosez de 1 filet d’huile d’olive. Déposez quelques copeaux de parmesan et saupoudrez de sumac.
- Dressez en dôme dans une assiette creuse.

PAPILLOTE DE LÉGUMES VERTS

POUR 2 PERSONNES II TEMPS DE PRÉPARATION : 15 MIN

• ACCOMPAGNEMENT •

150 g de petits pois écossés
150 g de fèves
150 g de haricots verts
150 g de haricots mange-tout
30 g de beurre demi-sel
1 saucière de beurre de foin (voir page 114)
Sel

• Préchauffez le four à 160 °C (th. 5-6).

• Lavez et égouttez les légumes. Posez-les sur une feuille de papier sulfurisé.

• Déposez quelques cubes de beurre et salez.

• Refermez la feuille bien hermétiquement en pliant les bords pour former une papillote.

• Déposez la papillote sur une plaque ou un plat à gratin, puis enfournez pour 15 à 20 min.

• Sortez la papillote du four, puis ouvrez-la en faisant une croix sur le dessus à l'aide d'une paire de ciseaux.

• Servez avec du beurre de foin.

À SAVOIR

Amusez-vous à remplacer les légumes au gré des saisons : des légumes racines en automne (dans ce cas, laissez cuire plus longtemps) ou les ingrédients de la ratatouille en été.

JARDINIÈRE DE LÉGUMES

POUR 4 PERSONNES II TEMPS DE PRÉPARATION : 30 MIN

• ACCOMPAGNEMENT •

½ botte de navets
5 carottes fanes
Quelques haricots mange-tout
Quelques haricots verts
20 cl d'eau
50 g de beurre doux
30 g de petits pois
3 oignons nouveaux, épluchés et coupés en deux
Sel et poivre du moulin

Vous pouvez tailler les légumes comme vous préférez mais veillez à ce qu'ils soient tous coupés de manière homogène.

1

• Lavez, égouttez et épluchez les navets. Grattez les carottes à l'aide du tampon vert d'une éponge.

• Lavez et égouttez les haricots mange-tout et les haricots verts. Taillez les carottes en gros biseaux. Lavez, égouttez et coupez les navets en deux ou en quatre selon leur taille.

2

• Taillez les haricots mange-tout et les haricots verts en biseaux. Déposez les carottes, les navets et les oignons nouveaux dans une grande casserole à fond plat, ajoutez l'eau à hauteur et le beurre, puis faites cuire à couvert pendant 10 à 12 min.

3

• Quand les légumes sont encore croquants, ajoutez les haricots mange-tout, les haricots verts et les petits pois.

4

• Terminez la cuisson.

• Une fois cuits, ajoutez 20 g de beurre pour lier et lustrer les légumes. Assaisonnez de sel et de poivre du moulin.

RATATOUILLE

POUR 4 PERSONNES II TEMPS DE PRÉPARATION : 30 MIN

• ACCOMPAGNEMENT •

2 courgettes
1 aubergine
1 grosse tomate
1 poivron rouge
1 poivron jaune
1 poivron vert
½ oignon blanc
1 gousse d'ail
1 bouquet garni
1 feuille de basilic
Huile d'olive
Sel

1

- Taillez les courgettes, l'aubergine et la tomate en gros cubes.
- Taillez les poivrons en dés.
- Émincez l'oignon. Faites-le suer sans coloration dans l'huile d'olive. Ajoutez les poivrons, puis salez et laissez cuire en remuant. Débarrassez.

2

- Faites sauter sans coloration les courgettes dans l'huile d'olive, puis salez. Débarrassez.

3

- Faites de même avec l'aubergine. Débarrassez.

4

- Remettez tous les légumes dans la cocotte, puis ajoutez la gousse d'ail en chemise, la tomate, les poivrons, le bouquet garni et salez.

5

• Faites cuire à feu doux et à couvert jusqu'à ce que les légumes soient confits dans leur jus.

• Rectifiez l'assaisonnement si nécessaire.

À SAVOIR

Dégustez cette ratatouille chaude ou froide.

PIZZA DE POIS CHICHE

POUR 2 PERSONNES || TEMPS DE PRÉPARATION : 20 MIN

• PLAT •

Pour la pâte de pois chiches
225 g de yaourt à la grecque
14 g de sucre en poudre
42 g de levure boulangère
225 g d'eau
300 g de farine T80
150 g de farine de pois chiche
8 g de sel
Huile d'olive

Pour la garniture
10 tomates cerise
1 boule de mozzarella
30 g de copeaux de parmesan
20 g de tapenade noire
1 poignée de riquette
Quelques olives noires
Quelques branches d'origan
Huile d'olive
Sumac
Piment d'Espelette

• Préchauffez le four à 250 °C (th. 8-9). Commencez par préparer la pâte à pois chiches : dans le bol d'un robot pâtissier, versez le yaourt, le sucre, la levure et l'eau.

• Mélangez à l'aide d'une spatule pour dissoudre la levure et le sucre.

• Ajoutez les farines, puis le sel au-dessus (pour qu'il ne soit pas en contact avec la levure). Mélangez avec le crochet du robot. Débarrassez la pâte quand elle se décolle des parois du bol. Déposez la pâte dans un saladier légèrement huilé et réservez pendant 1 h.

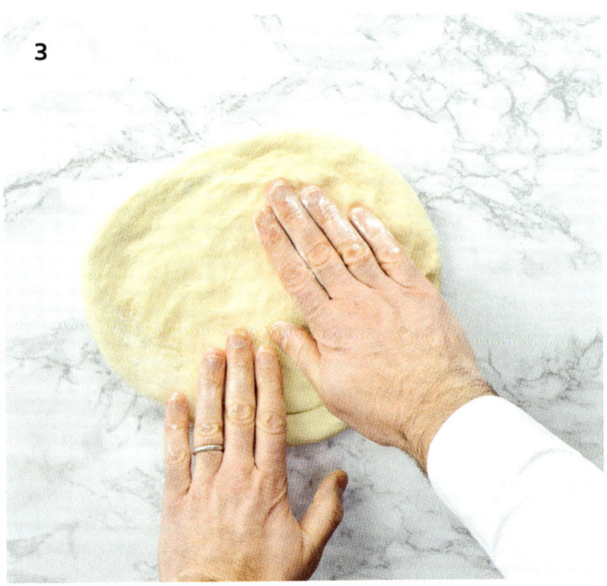

• Dégazez la pâte. Farinez le plan de travail et travaillez la pâte pour obtenir un disque de pâte à pizza.

• Déposez-le sur une plaque, huilez légèrement le pourtour, puis enfournez pour 3 min.

• Préparez la garniture : faites rôtir les tomates cerise dans l'huile d'olive.

• Garnissez la pizza avec la mozzarella taillée en tranches, ajoutez les tomates rôties, les olives dénoyautées et coupées en deux, l'origan, râpez du parmesan.

• Dans une sauteuse ou une poêle, faites chauffer 1 filet d'huile, puis déposez-y la pizza pour rendre croustillant le dessous de la pâte. Quand elle est cuite, déposez dessus la tapenade détendue à l'huile d'olive, le sumac et le piment d'Espelette.

• Déposez sur une assiette de service, puis recouvrez de feuilles de riquette et de copeaux de parmesan.

FLEUR DE CÉLERI

POUR 4 PERSONNES II TEMPS DE PRÉPARATION : 30 MIN

• ENTRÉE •

1 céleri-rave cuit dans le foin (voir page 58)
80 g de parmesan
1 truffe
60 g de beurre
10 cl de bouillon de légumes
Parures de céleri
Foin
Fleur de sel et poivre du moulin

1

• Préchauffez le four à 220 °C (th. 7-8). Épluchez le céleri cuit, puis coupez-le en quartiers. Taillez de fines lamelles à l'aide d'une mandoline ou d'un couteau (comptez ¼ de céleri par fleur). Taillez le parmesan en copeaux.

2

• Montez la fleur en superposant des lamelles de céleri. Réalisez 2 colonnes.

3

• Posez une couche de copeaux de parmesan, puis une couche de lamelles de truffe au-dessus.

4

• Roulez les fleurs.

• Déposez-les dans un plat à gratin et mettez une noisette de beurre au-dessus. Enfournez pour 5 min de cuisson.

• Dans une casserole, versez le bouillon de légumes, ajoutez les parures de céleri, le foin et le beurre, puis laissez mijoter jusqu'à obtenir un jus sirupeux.

• Filtrez le bouillon au chinois, puis montez la sauce au beurre.

• Dressez les fleurs et arrosez-les de sauce. Assaisonnez de fleur de sel et de poivre du moulin.

LES SAUCES

CRÉMEUX DE PARMESAN

POUR 2 PERSONNES II TEMPS DE PRÉPARATION : 15 MIN

• ENTRÉE •

400 g de crème liquide à 35 % de M.G.
10 g de fécule de pomme de terre
120 g de parmesan râpé

• Faites chauffer la moitié de la crème sur feu moyen.

• Délayez la fécule avec le reste de crème froide, puis versez le mélange dans la crème chaude.

• Faites cuire à feu doux jusqu'à épaississement, puis laissez légèrement refroidir.

• Hors du feu, ajoutez le parmesan petit à petit en mixant à l'aide d'un mixeur plongeant.

• Mixez jusqu'à obtenir une crème onctueuse et lisse.

5

• Dressez et dégustez sans attendre.

À SAVOIR

Le crémeux de parmesan est le condiment parfait pour accompagner de nombreux légumes cuits en papillote, à la braise, etc. Il se conserve pendant quelques jours au réfrigérateur.

MAYONNAISE DE BETTERAVE

POUR 1 BOL DE SAUCE II TEMPS DE PRÉPARATION : 10 MIN

• SAUCE •

2 betteraves rouges cuites
15 g de moutarde de Dijon
2 cl de vinaigre de xérès
30 cl d'huile de pépins de raisin
Sel et poivre du moulin

Si vous ne consommez pas d'œufs, le jus de betterave permet de créer une émulsion parfaite pour réaliser des sauces onctueuses.

1

- Centrifugez les betteraves pour en récupérer le jus.

2

- Mixez au mixeur plongeant en ajoutant l'huile en filet jusqu'à obtenir la consistance d'une mayonnaise mousseuse et légèrement liquide.

3

- Rectifiez l'assaisonnement si nécessaire.

BEURRE DE FOIN

POUR 1 BOL DE SAUCE II TEMPS DE PRÉPARATION : 20 MIN

• SAUCE •

1 botte de foin bio
25 cl de bouillon de légumes
70 g de beurre
Sel et poivre du moulin

1

• Dans une casserole, réalisez une décoction en plongeant le foin dans le bouillon de légumes.

• Couvrez et portez à ébullition à feu moyen.

2

• Ajoutez le beurre taillé en cubes et portez à nouveau à ébullition.

3

• Filtrez au chinois pour récupérer la sauce.

4

• Rectifiez la consistance en faisant réduire si besoin. Vérifiez l'assaisonnement.

SAUCE SOUBISE

POUR 1 BOL DE SAUCE II TEMPS DE PRÉPARATION : 20 MIN

• SAUCE •

2 oignons
75 g de beurre
25 g de farine
50 cl de lait
1 branche de thym
Sel et poivre du moulin

• Pelez et émincez les oignons.

• Dans une casserole, faites-les suer à couvert avec le beurre et la branche de thym jusqu'à ce qu'ils soient fondants et légèrement colorés, salez immédiatement.

• Ajoutez la farine, puis mélangez bien jusqu'à obtenir un roux.

• Versez le lait froid et faites cuire en mélangeant jusqu'à obtenir une belle texture (de la même façon qu'on réalise une sauce béchamel).

5

• Mixez jusqu’à obtenir une consistance épaisse et veloutée, puis assaisonnez si nécessaire.

LES CRÉATIONS

TERRINE ZÉRO VIANDE, ZÉRO POISSON

Terrine de poireaux mimosa

POUR 6 PERSONNES II TEMPS DE PRÉPARATION : 30 MIN

• ENTRÉE •

15 blancs de poireau

Pour la sauce mimosa

3 œufs durs
1 cuil. à soupe de moutarde
2 cuil. à soupe de vinaigre de vin
6 cuil. à soupe d'huile de pépins de raisin
Quelques branches de persil plat
Quelques brins de ciboulette
Gros sel et poivre du moulin

• Retirez les radicelles des poireaux, puis lavez les blancs à l'eau claire.

• Portez de l'eau salée à ébullition et plongez-y les poireaux : il faut qu'ils soient juste recouverts d'eau. Laissez cuire jusqu'à ce qu'ils soient cuits et fondants. Vérifiez la cuisson en piquant les poireaux avec la pointe d'un couteau.

• Une fois cuits, retirez les poireaux de l'eau, puis taillez-les en tronçons de même taille.

• Déposez-les dans du film alimentaire à chaud, serrez-les bien, puis déposez-les dans un emporte-pièce pour réaliser une terrine.

• Taillez une tranche de terrine, retirez délicatement le film alimentaire et déposez la tranche à plat sur une assiette.

• Réalisez la sauce mimosa : écalez les œufs durs, hachez-les grossièrement, puis mélangez-le avec la moutarde, le vinaigre, l'huile, les herbes ciselées, salez et poivrez. Servez avec la terrine.

RILLETTES ZÉRO VIANDE, ZÉRO POISSON

POUR 6 À 8 PERSONNES II TEMPS DE PRÉPARATION : 10 MIN

• À L'APÉRO •

1 chou romanesco
5 cuil. à soupe de fromage blanc
Les zestes de 2 citrons jaunes
Le jus de 1 citron vert
2 pincées de curry rouge
2 pincées de piment d'Espelette
1 cuil. à soupe de moutarde de Dijon
Quelques pluches de coriandre
Quelques croûtons de pain
Huile d'olive
Sel et poivre du moulin

RILLETTES DE ROMANESCO AU CURRY

1

• Lavez, égouttez et enlevez les feuilles du romanesco, puis déposez-le dans le panier de la Cocotte-Minute®.

• Versez l'eau et salez.

2

• Faites cuire le romanesco pendant 10 min à la Cocotte-Minute®.

3

• Une fois cuit, débarrassez le romanesco du panier.

4

• Une fois refroidi, émiettez le romanesco dans un saladier.

5

• Ajoutez le fromage blanc, les zestes et le jus des citrons, les épices et la moutarde. Mélangez et assaisonnez.

6

• Dressez, arrosez de 1 filet d'huile d'olive et décorez avec quelques peluches de coriandre.

• Servez avec les croûtons de pain.

À SAVOIR

Servez ces rillettes avec des croûtons pour que l'illusion soit parfaite !

SAUMON FUMÉ ZÉRO POISSON

Potiron comme un saumon fumé

POUR 2 PERSONNES II TEMPS DE PRÉPARATION : 30 MIN

• À L'APÉRO •

300 g de potiron
Sciure bio d'arbre fruitier
2 cuil. à soupe de crème fraîche
Ciboulette ciselée
Le zeste et le jus de 1 citron vert
Sel

1

• Lavez et égouttez le potiron.

• Taillez-le en lamelles à l'aide d'une mandoline.

2

• Portez à ébullition une grande quantité d'eau salée (35 g de sel pour 1 l d'eau).

• Plongez les lamelles de potiron pendant quelques secondes pour les faire blanchir. Débarrassez-les.

3

• Placez de la sciure de bois dans le fond d'une cocotte et enflammez-la.

4

• Déposez les lamelles au-dessus sur une grille. Couvrez et laissez fumer pendant 4 min. Débarrassez et laissez refroidir.

• Déposez un peu de crème fraîche dans le fond d'une assiette, saupoudrez de ciboulette ciselée, dressez les lamelles de potiron en dôme, puis déposez le zeste de citron vert et le jus au-dessus.

GOUJONNETTES ZÉRO POISSON

POUR 2 PERSONNES II TEMPS DE PRÉPARATION : 20 MIN

• ENTRÉE •

8 asperges blanches
2 blancs d'œufs
500 g de chapelure
100 g de sauce tartare
Persil, cerfeuil, estragon
Huile de friture
Sel et poivre du moulin

COMME DES GOUJONNETTES
MAIS D'ASPERGES, SAUCE TARTARE

• Lavez, épluchez et taillez les asperges en tronçons.

• Passez-les dans le blanc d'œuf.

• Passez-les ensuite dans la chapelure. Roulez-les entre vos mains.

• Écrasez les tiges de persil du bout des doigts pour enlever l'eau qu'elle contient.

• Plongez toutes les herbes dans l'huile de friture pour les rendre croustillantes.

• Plongez les asperges dans l'huile de friture à 130 °C jusqu'à ce qu'elles soient cuites.

• Montez la température de l'huile à 180 °C pour les faire dorer et plongez à nouveau les asperges. Une fois bien dorées, débarrassez les asperges.

• Dressez-les avec les herbes dessus, salez et poivrez, puis servez avec la sauce tartare.

COMME UNE TRUITE À LA GRENOBLOISE

ZÉRO POISSON

POUR 2 PERSONNES II TEMPS DE PRÉPARATION : 15 MIN

• ACCOMPAGNEMENT •

6 endives braisées (voir page 82)
80 g de beurre
2 cuil. à soupe de croûtons de pain
1 cuil. à soupe de câpres au vinaigre
1 cuil. à soupe de persil frisé haché
1 citron jaune
Poivre du moulin

ENDIVES À LA GRENOBLOISE

1

• Dans un poêle, faites fondre la moitié du beurre à feu doux jusqu'à ce qu'il devienne noisette.

2

• Déposez les endives coupées en deux dans la longueur et rendez-les meunières (arrosez-les de beurre tout au long de la cuisson).

3

• Retournez-les et ajoutez le reste du beurre. Débarrassez les endives.

4

• Dans la poêle, mettez les croûtons, les câpres et le persil. Faites revenir. Levez les segments de citron, puis taillez-les en cubes et ajoutez-les au dernier moment.

5

• Versez sur les endives. Donnez un tour de moulin à poivre.

À SAVOIR

J'ai transformé la classique truite à la grenobloise.
Cette recette fonctionne aussi avec des petites rougettes, des sucrines ou simplement avec une demi-salade coupée en deux à cru, les éléments marquants étant le beurre noisette et le condiment de câpres.

STEAK TARTARE ZÉRO VIANDE

POUR 2 PERSONNES II TEMPS DE PRÉPARATION : 15 MIN

• ENTRÉE •

2 betteraves cuites
1 jaune d'œuf
1 cuil. à soupe de moutarde de Dijon
½ cuil. à soupe de câpres au sel
½ cuil. à soupe d'oignon haché
1 cornichon
1 cuil. à soupe de ketchup
Quelques branches de cerfeuil
Quelques branches d'estragon
Quelques branches de persil plat
Huile d'olive
Tabasco®
Sauce Worcestershire®
Poivre du moulin

TARTARE DE BETTERAVES

• Coupez la betterave, puis hachez-la dans une passoire au-dessus d'un saladier pour en récupérer le jus.

• Mélangez l'œuf et la moutarde, puis faites-les monter à l'huile comme une mayonnaise.

• Ajoutez les câpres, l'oignon haché, le cornichon taillé en petits dés, le ketchup, les herbes ciselées, le Tabasco® et la sauce Worcestershire®.

• Réservez un peu de sauce pour le dressage, puis mélangez le reste à la betterave et poivrez à nouveau.

• Dressez dans une assiette et arrosez de la sauce réservée.

À SAVOIR

Cette recette est bluffante : il faut vraiment la goûter pour savoir qu'il ne s'agit pas de viande ! Vous pouvez même l'accompagner de frites !

CARPACCIO ZÉRO VIANDE, ZÉRO POISSON

POUR 2 PERSONNES II TEMPS DE PRÉPARATION : 20 MIN

• ENTRÉE •

1 navet green meat ou red meat
6 fleurs de capucine
Le zeste et le jus de 1 orange
Le zeste de 1 citron vert
1 filet d'huile d'olive pas trop mâturée
1 pincée de safran
Fleur de sel

CARPACCIO VÉGÉTAL DE NAVETS ET CAPUCINES

1

• Lavez et épluchez les navets. Plongez-les dans l'eau glacée pendant quelques minutes pour qu'ils se raffermissent.

2

• À l'aide d'une mandoline, taillez-les en rondelles.

3

• Réalisez des rondelles bien fines, puis dressez-les sur les assiettes.

• Hachez quelques feuilles de capucine avec 2 fleurs.

• Mélangez-les avec le zeste de l'orange et du citron vert, le jus d'orange, l'huile d'olive et le safran.

• Arrosez le carpaccio avec cette sauce.

• Déposez quelques feuilles et fleurs de capucine sur le carpaccio et salez à la fleur de sel.

À SAVOIR

Idéalement, il vaut mieux préparer cette recette quelques heures à l'avance.
Il est possible de remplacer les navets par des radis, des carottes, du céleri, etc.

BŒUF STROGANOFF ZÉRO VIANDE

POUR 2 PERSONNES II TEMPS DE PRÉPARATION : 20 MIN

• PLAT •

1 botte de navets
20 g de beurre
1 échalote ciselée
1 gousse d'ail
1 cuil. à café de paprika
15 cl de vin blanc
15 cl de crème liquide
1 bouquet de persil
Sel et poivre du moulin

NAVET STROGANOFF

• Lavez et épluchez les navets, puis rincez-les à l'eau claire et coupez-les en deux.

• Dans un rondeau plat, faites fondre le beurre et faites colorer les navets à feu doux. Lorsqu'ils sont cuits, débarrassez et réservez les navets.

• Déposez l'échalote ciselée dans le beurre de cuisson des navets, ajoutez la gousse d'ail éclatée, le paprika et salez légèrement. Laissez cuire jusqu'à ce que l'échalote soit fondante.

• Déglacez au vin blanc.

• Laissez réduire, puis ajoutez la crème.

• Rectifiez l'assaisonnement. Dressez les navets dans un plat de service, parsemez de persil ciselé et arrosez de sauce.

À SAVOIR

Cette interprétation du bœuf Stroganoff peut se faire également avec des radis, du céleri et même, pourquoi pas, des pommes de terre !

VEAU ORLOFF ZÉRO VIANDE

POUR 4 PERSONNES II TEMPS DE PRÉPARATION : 15 MIN

• PLAT •

1 chou-fleur rôti (voir page 30)
100 g de pousses d'épinards juste tombés (voir page 14)
3 poivrons cuits au fours coupés en lanières (voir page 32)
30 g de sauce soubise (voir page 116)
Sel et poivre du moulin

CHOU-FLEUR FAÇON ORLOFF

• Préchauffez le four à 180 °C (th. 6).

• Laissez cuire le chou-fleur pendant 20 à 30 min (selon sa taille), puis laissez-le refroidir .

• Sortez le chou-fleur, puis intercalez les épinards, juste tombés, et les piquillos, coupés en lanières, entre les fleurettes de chou-fleur.

• Déposez le chou-fleur dans un plat à gratin.

5

• Enduisez l'ensemble de sauce soubise.

• Faites glacer au four à 180 °C (th. 6) pendant 10 à 15 min. Donnez un tour de moulin à poivre.

À SAVOIR

Le veau Orloff, c'est un plat du lendemain. Même principe ici : l'idée, c'est d'utiliser un reste de chou-fleur (vous pouvez réaliser la même recette avec du céleri).

TOURTE ZÉRO VIANDE

POUR 2 PERSONNES II TEMPS DE PRÉPARATION : 20 MIN

• PLAT •

1 chou farci (voir page 158) préparé la veille
1 abaisse de pâte à brioche
1 jaune d'œuf
Farine
Sauce de votre choix (beurre de foin (page 114), crémeux de parmesan (page 108), etc.)
Sel et poivre du moulin

TOURTE VÉGÉTALE

- Préchauffez le four à 160 °C (th. 5-6).
- À l'aide d'un rouleau à pâtisserie, abaissez sur le plan de travail fariné 2 pâtons de pâte à brioche entre 2 et 3 mm d'épaisseur.

- Disposez le chou farci sur le premier pâton, puis recouvrez le chou de la seconde abaisse en chassant l'air et en fixant bien la pâte sur le chou et sur la première abaisse de pâte à brioche.

- À l'aide d'un emporte-pièce rond de taille adéquate, séparez la tourte du reste de pâte.

- À l'aide d'un pinceau, badigeonnez la tourte de jaune d'œuf. Disposez la tourte sur un papier sulfurisé ou une plaque de cuisson. Laissez reposer 1 h au frais, puis enfournez pour 25 min.
- Baissez la température du four à 140 °C (th. 4-5) et prolongez la cuisson de 15 min.

• Coupez la tourte en deux, dressez dans une assiette et servez avec la sauce de votre choix, moi, j'adore le beurre de foin (voir page 114).

CHOU FARCI ZÉRO VIANDE

POUR 1 CHOU FARCI II TEMPS DE PRÉPARATION : 30 MIN

• PLAT •

1 chou vert
¼ de navet
¼ de céleri-rave
200 g de champignons de Paris
200 g de carottes
1 oignon blanc

2 gousses d'ail
2 branches de thym
2 feuilles de laurier
100 g de beurre
Huile d'olive
Sel et poivre du moulin

CHOU FARCI LÉGUMIER

• Lavez et égouttez le chou vert à l'eau, enlevez les feuilles abîmées, puis détachez les feuilles une à une. Réservez le cœur du chou pour la farce.

• Lavez, égouttez et taillez en fines brunoises le navet, le céleri rave, les champignons et les carottes. Taillez le cœur du chou en fines lamelles. Épluchez et ciselez finement l'oignon, puis pelez et hachez les gousses d'ail.

• Faites suer l'oignon et l'ail, puis faites cuire les brunoises de légumes dans un filet d'huile d'olive. Au cours de la cuisson, ajoutez le thym et le laurier, puis assaisonnez de sel et de poivre. Faites cuire le cœur du chou émincé à feu doux dans le beurre jusqu'à l'obtention d'une embeurrée de chou. Assaisonnez de sel et de poivre.

• Faites blanchir les feuilles de chou vert dans de l'eau bouillante salée, puis déposez-les dans de l'eau glacée. Séchez-les, puis enlevez les cotes des feuilles à l'aide d'un couteau.

• Chemisez un moule ou un bol (préalablement recouverts de film alimentaire) avec les feuilles de chou. Farcissez en alternant des couches d'embeurrée de chou et de brunoise de légumes jusqu'aux ¾ du bol en tassant bien chaque couche à l'aide d'une cuillère à soupe.

• Repliez les feuilles de chou vers le centre de la farce pour former un dôme.

• Ramenez le film alimentaire vers le centre, puis, du bout des doigts, tournez le film pour serrer.

• Procédez à la cuisson :
- À la vapeur, conservez le film alimentaire pour cuire le chou farci pendant 10 min environ.
- Au four, enlevez-le, puis déposez le chou farci sur une plaque, recouverte de papier sulfurisé, et enfournez à 160 °C (th. 5-6) pendant 10 à 15 min.

BLANQUETTE DE VEAU ZÉRO VIANDE

POUR 2 PERSONNES II TEMPS DE PRÉPARATION : 30 MIN

• PLAT •

600 g de légumes verts (asperges vertes, haricots mange-tout, fèves, brocolis, petits-pois, etc.)
1 petite botte d'oignons nouveaux
60 g de beurre demi-sel
100 g de champignons de Paris
1,5 cl de bouillon de légumes
10 cl de crème double
1 jaune d'œuf
1 filet de jus de citron
100 g de pousses d'épinards
1 filet d'huile d'olive
Herbes fraîches de votre choix
Sel et poivre du moulin

BLANQUETTE DE LÉGUMES VERTS

• Dans une casserole à froid, déposez le blanc des oignons, les asperges, les sommités de brocolis (tous préalablement lavés) et quelques noix de beurre.

• Salez, couvrez et faites cuire à l'étuvée sur feu doux.

• Une fois que les légumes ont commencé à suer, ajoutez les haricots mange-tout et les champignons de Paris. Salez légèrement.

• Ajoutez le reste des légumes sauf les épinards. Quand les légumes sont cuits, débarrassez-les.

5

• Déglacez au bouillon de légumes et faites réduire de moitié.

6

• Ajoutez la crème et portez-la à ébullition.

7

• Ajoutez le jaune d'œuf et fouettez hors du feu. Ajoutez le jus de citron, puis poivrez au moulin. Filtrez la sauce à l'aide d'une passette.

8

• Dressez les légumes, ajoutez quelques feuilles crues d'épinards. Émulsionnez la sauce au mixeur plongeant et versez-la sur les légumes avec 1 filet d'huile d'olive et les herbes fraîches.

BOUDIN BLANC ZÉRO VIANDE

POUR 2 PERSONNES II TEMPS DE PRÉPARATION : 30 MIN

• PLAT •

1 chou-fleur
50 cl de lait entier
20 g de Maïzena®
2 œufs
1 filet de porto rouge
1 noix de beurre demi-sel
10 oignons grelots

1 feuille de laurier
1 branche de thym
5 champignons de Paris
5 cl de Noilly-Prat
30 cl de bouillon de légumes
250 g de crème épaisse

15 olives vertes dénoyautées et coupées en deux
Le jus de 1 citron jaune
Pluches de cerfeuil
Tiges de ciboulette
Sel et poivre du moulin

BOUDIN BLANC DE CHOU-FLEUR, SAUCE FINANCIÈRE

• Préparez la farce du boudin : lavez, égouttez et émincez les sommités du chou-fleur.

• Dans un cocotte, plongez le chou-fleur émincé dans le lait.

• Faites cuire à couvert.

• Une fois cuit, égouttez le chou-fleur émincé à l'aide d'un chinois.

• Récupérez 200 g du lait de cuisson, ajoutez la Maïzena®, puis détendez le mélange au fouet. Remettez sur le feu et fouettez jusqu'à obtenir une sauce de la texture de sauce Béchamel. Une fois cuite, débarrassez et réservez.

• Mixez la moitié du chou-fleur.

• Ajoutez le reste de jus de cuisson lié à la Maïzena® et mélangez bien. Ajoutez les œufs, le porto rouge et salez.

• Réservez cette farce au frais pendant 6 h.

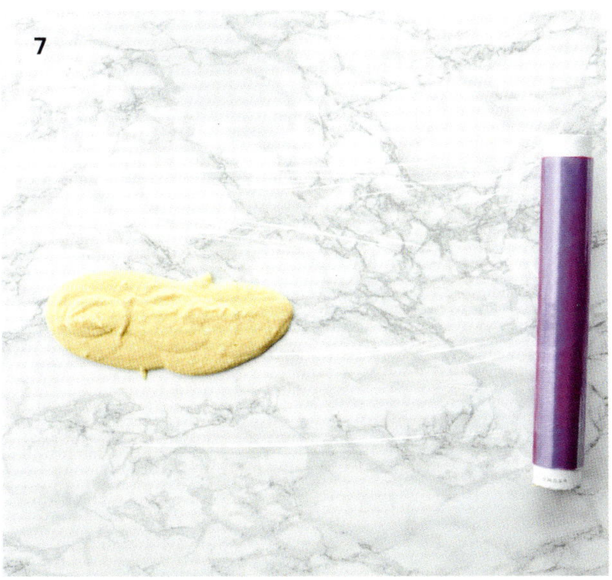

• Réalisez le montage : déposez du film alimentaire sur votre plan de travail, déposez la préparation dessus.

• Roulez le film alimentaire.

• Serrez jusqu'à obtenir des boudins.

• Dans une cocotte remplie d'eau, plongez le boudin et faites cuire à frémissement pendant 30 min. Une fois cuit, débarrassez délicatement le boudin du film alimentaire.

• Préparez la sauce : dans une cocotte, faites fondre 1 noix de beurre.

• Faites colorer les oignons grelots coupés en deux avec le laurier et le thym.

• Une fois colorés, débarrassez les oignons et mettez les champignons coupés en quatre dans la cocotte. Déglacez au Noilly-Prat. Versez le bouillon de légumes. Remettez les oignons dans la cocotte et faites réduire de moitié. Ajoutez la crème, portez à consistance, puis versez les olives et le jus de citron.

13

- Dressez dans des assiettes creuses.
- Versez la sauce, ajoutez quelques pluches de cerfeuil et des tiges de ciboulette, puis poivrez au moulin. Déposez le boudin au centre de l'assiette.

BOURGUIGNON ZÉRO VIANDE

POUR 4 PERSONNES II TEMPS DE PRÉPARATION : 30 MIN

• PLAT •

¼ de céleri-rave
6 grosses carottes
8 champignons de Paris
50 g de beurre demi-sel
1 gros oignon
1 gousse d'ail
1 à 2 cuil. à soupe de farine

1,5 l de vin rouge
1 bouquet garni
Quelques branches de persil frisé
Quelques croûtons
Huile d'olive
Sel et poivre du moulin

BOURGUIGNON DE CÉLERI-CAROTTE

- Lavez, épluchez et coupez le céleri en morceaux.
- Grattez les carottes à l'aide du tampon vert d'une éponge. Enlevez le cœur des carottes, puis taillez-les en biseaux.
- Lavez les champignons et coupez les pieds. Mettez le beurre, les carottes et le céleri dans une cocotte à froid. Salez et laissez suer.

- Débarrassez les carottes et le céleri.
- Dans la même cocotte, faites suer l'oignon émincé et la gousse d'ail dans 1 noix de beurre avec le bouquet garni. Ajoutez la farine pour singer.

- Dans une casserole, versez le vin et ajoutez les parures de céleri et de carottes ainsi que les pieds de champignons.
- Laissez réduire de moitié sur feu très doux pendant 45 min à 1 h en veillant à ne pas atteindre l'ébullition.

4

- Filtrez au chinois et versez la sauce dans la cocotte. Ajoutez les carottes et le céleri et laissez mijoter pendant 30 à 40 min.

5

- Une fois cuit, débarrassez les légumes.
- Faites réduire la sauce de moitié. Ajoutez le beurre pour monter la sauce. Rectifiez l'assaisonnement si nécessaire.

6

- Remettez les légumes dans la cocotte et mélangez.
- Dressez avec les croûtons et quelques pluches de persil frisé.

DAUBE PROVENÇALE ZÉRO VIANDE

POUR 2 À 4 PERSONNES II TEMPS DE PRÉPARATION : 30 MIN

• PLAT •

10 topinambours confits (voir page 34)
+ épluchures de topinambours
1 filet d'huile d'olive
1 carotte
5 oignons nouveaux
2 gousses d'ail
50 cl de vin blanc sec
Le jus de 1 orange
30 g de fondue de tomates
30 g d'olives vertes dénoyautées et coupées en deux
1 bouquet garni
Quelques feuilles de persil plat
Sel et poivre du moulin

DAUBE PROVENÇALE DE TOPINAMBOURS

• Préchauffez le four à 180 °C (th. 6). Mettez les épluchures de topinambours bien lavées dans un plat à gratin et enfournez jusqu'à ce qu'elles soient bien dorées.

• Dans une cocotte, faites colorer dans l'huile d'olive la carotte taillées en rondelles (enlevez éventuellement le cœur), les oignons nouveaux, les gousses d'ail émincées et le bouquet garni. Couvrez et laissez suer. Déglacez au vin blanc et au jus d'orange. Ajoutez la fondue de tomates, puis laissez mijoter pendant 20 min.

• Faites poêler les topinambours confits dans 1 filet d'huile d'olive.

• Débarrassez les oignons et les carottes dans les topinambours.

5

• Ajoutez les épluchures de topinambours toastées dans la cocotte.

6

• Laissez mijoter jusqu'à obtenir un jus sirupeux.

7

• Filtrez la sauce dans une petite casserole.

• Ajoutez les olives vertes et 1 cuil. à soupe de fondue de tomates. Salez et poivrez.

8

• Dressez les légumes, nappez de sauce et saupoudrez de persil ciselé.

ESCALOPE NORMANDE ZÉRO VIANDE

POUR 2 PERSONNES II TEMPS DE PRÉPARATION : 30 MIN

• PLAT •

3 côtes de blettes
100 g de farine tamisée
2 œufs
300 g de chapelure
30 g de beurre
1 échalote ciselée
4 champignons de Paris coupés en quartiers
10 cl de vin blanc
150 g de crème liquide
1 petit bouquet de persil
Sel et poivre du moulin

ESCALOPE NORMANDE DE BLETTES

• Épluchez les côtes de blettes, rincez-les, puis retirez le vert. Faites-les cuire à la Cocotte-Minute® pendant 5 à 7 min. Égouttez-les et réservez-les à température ambiante.

• Passez successivement les blettes dans la farine, puis dans les œufs battus, puis dans la chapelure.

• Faites bien adhérer la chapelure et quadrillez les escalopes à l'aide du dos d'un couteau éminceur. Réservez.

• Dans un plat à gratin, faites fondre le beurre.

• Faites-y sauter les escalopes de blettes, côté quadrillé en premier.

• Lorsqu'elles sont colorées, retournez-les. Terminez la cuisson à feu doux pendant quelques minutes. Réservez les côtes de blettes.

• Dans le même plat à gratin, faites suer l'échalote et les champignons. Salez, puis déglacez au vin blanc. Ajoutez la crème, un tour de moulin à poivre et faites réduire jusqu'à obtenir une sauce crémeuse.

• Dressez les escalopes dans le plat de service, le côté quadrillé sur le dessus et parsemez de persil ciselé.

LAPIN À LA MOUTARDE ZÉRO VIANDE

POUR 2 PERSONNES II TEMPS DE PRÉPARATION : 30 MIN

• PLAT •

6 carottes des sables
½ oignon
2 gousses d'ail
1 verre de vin blanc sec
2 verres de crème liquide
1 cuil. à soupe de moutarde à l'ancienne
1 cuil. à soupe de moutarde de Dijon
1 bouquet garni
Sel et poivre du moulin

CAROTTES DES SABLES COMME UN LAPIN À LA MOUTARDE

- Préchauffez le four à 220 °C (th. 7-8).
- À l'aide du tampon vert d'une éponge, grattez les carottes. Enlevez les fanes. Coupez les carottes en tronçons et, éventuellement, enlevez le cœur.
- Déposez les carottes, l'oignon coupé en grosses lanières, les gousses d'ail en chemise et le bouquet garni dans une cocotte, salez, couvrez, puis enfournez pour 30 min.

- À la sortie du four, déglacez avec le vin blanc, puis faites réduire de moitié.

- Mouillez à hauteur de crème liquide.
- Laissez mijoter à couvert pendant 15 min environ.

4

• Débarrassez les légumes et la garniture aromatique.

5

• Dans la même cocotte, ajoutez les moutardes dans la sauce et faites monter la sauce au fouet (veillez à ne plus faire bouillir la sauce).

6

• Remettez les carottes et les oignons dans la cocotte.

• Salez et poivrez.

PAUPIETTES ZÉRO VIANDE

POUR 2 PERSONNES II TEMPS DE PRÉPARATION : 30 MIN

• PLAT •

2 côtes de blette
50 g de pignons de pin
2 filets d'huile d'olive
½ oignon blanc
1 gousse d'ail confite
10 olives noires
100 g de mozzarella
50 g de parmesan râpé
+ un peu pour la cuisson et le dressage
400 g de concassé de tomates
6 branches de marjolaine
+ un peu pour la cuisson
Sel et poivre du moulin

PAUPIETTES DE BLETTES

• Lavez les blettes, puis coupez les feuilles et réservez-les. Épluchez et hachez la partie blanche des blettes.

• Dans une casserole, faites dorer la moitié des pignons de pin avec 1 filet d'huile d'olive. Débarrassez.

• Dans la même casserole, faites revenir l'oignon blanc émincé et les blettes. Ajoutez la gousse d'ail confite écrasée. Laissez mijoter pendant 10 min, puis débarrassez.

• Préchauffez le four à 200 °C (th. 6-7).
Dans un cul-de-poule, versez les côtes de blettes, les pignons torréfiés, les olives dénoyautées et émincées, la mozzarella taillée en cubes, le parmesan et la marjolaine. Mélangez. Passez les feuilles vertes des blettes quelques secondes au four pour les ramollir.

• Commencez par disposer sur le plan de travail une ficelle en forme d'étoile. Posez les feuilles de blettes, puis déposez 2 cuil. de farce au centre. Refermez la feuille de blette en formant une boule, puis faites un nœud avec la ficelle pour obtenir une paupiette. Répétez l'opération jusqu'à épuisement des ingrédients.

• Dans un plat allant au four, tapissez le fond de concassé de tomates, puis déposez les paupiettes de blettes.

• Parsemez de feuilles de marjolaine. Enfournez pour 15 à 20 min de cuisson.

• À la sortie du four, dressez et parsemez du reste des pignons de pin et de parmesan. Arrosez de 1 filet d'huile d'olive.

QUENELLES DE BROCHET ZÉRO POISSON

POUR 2 PERSONNES II TEMPS DE PRÉPARATION : 30 MIN

• PLAT •

200 g de potimarron
180 g de pommes de terre
30 g de fécule de pomme de terre tamisée
1 œuf
70 g de comté
1 râpée de noix muscade
50 cl de sauce soubise (voir page 116)

QUENELLES DE POTIMARRON AU COMTÉ

• Préchauffez le four à 200 °C (th. 6-7). Lavez, épluchez et coupez le potimarron et les pommes de terre en dés. Placez-les dans un moule à gratin, couvrez-les de papier d'aluminium, puis enfournez-les jusqu'à ce qu'ils soient fondants.

• Une fois cuits, écrasez le potimarron et les pommes de terre encore chauds à l'aide d'une fourchette ou d'un presse-purée.

• Versez le mélange dans un bol, ajoutez la fécule, l'œuf, le comté râpé et la noix muscade, puis mélangez.

• Laissez refroidir au frais pendant 6 h.

• Formez les quenelles à l'aide d'une cuillère à soupe, puis plongez-les pendant 15 min dans l'eau frémissante pour les faire cuire.

• Débarrassez les quenelles dans un plat à gratin, puis nappez-les de sauce soubise. Enfournez à 240 °C (th. 8) sous le gril pour faire glacer.

TAGLIATELLES CARBONARA ZÉRO VIANDE

POUR 2 PERSONNES II TEMPS DE PRÉPARATION : 30 MIN

• PLAT •

½ céleri-rave
50 cl de bouillon de légumes
100 g de pecorino romano râpé (ou, à défaut, de parmesan râpé)
2 jaunes d'œufs
2 cuil. à soupe d'huile d'olive
100 g de lardons de potimarron fumés grillés au beurre (voir page 128)
Quelques brins de ciboulette
Poivre du moulin

TAGLIATELLES DE CÉLERI CARBONARA

• Taillez de longues bandes de céleri à l'aide d'un pèle-pomme ou d'une mandoline japonaise.

• Roulez ces bandes de céleri et taillez-les en tagliatelles.

• Portez à ébullition le bouillon de légumes, puis plongez-y les tagliatelles de céleri. Laissez cuire pendant 2 min.

4

• À l'aide d'une spatule, mélangez la moitié du pecorino romano et le jaune d'œuf dans un saladier pour obtenir une pâte. Versez ½ louchée du bouillon de légumes dans le mélange œuf/pecorino, ajoutez l'huile d'olive et fouettez jusqu'à obtenir un mélange homogène.

5

• Égouttez les tagliatelles de céleri et versez-les dans le saladier avec le mélange œuf/pecorino. Mélangez.

6

• Dressez en dôme dans des assiettes. Ajoutez du pecorino râpé, les lardons de potimarron, la ciboulette ciselée et poivrez.

PÂTE À BRIOCHE

500 g de farine
10 g de sel
75 g de sucre en poudre
15 g de levure
7,5 cl de lait
200 g d'œufs
300 g de beurre

• Dans la cuve d'un robot pâtissier muni d'un crochet, versez la farine, le sel et le sucre.

• Diluez la levure dans le lait préalablement tiédi, puis versez dans la cuve du robot. Ajoutez les œufs. Pétrissez jusqu'à ce que la pâte se décolle des parois de la cuve.

• Incorporez le beurre en continuant de pétrir. Une fois le beurre bien incorporé, débarrassez la pâte de la cuve et formez une boule. Laissez-la pointer sous un linge à température ambiante.

• Une fois que la pâte a pointé, faites-la retomber. Formez à nouveau une boule, filmez-la avant de la réserver au frais.

PISTOU

2 bottes de basilic frais
2 gousses dail
20 cl d'huile d'olive
Sel

• Lavez et effeuillez le basilic, épluchez l'ail et disposez le tout dans un mortier.

• Salez légèrement.

• Pilez vivement en versant l'huile d'olive au goutte à goutte au début, puis en filet lorsqu'une purée commence à se former.

• Émulsionnez bien.

SAUCE MIMOSA

3 œufs durs
1 cuil. à soupe de moutarde
2 cuil. à soupe de vinaigre de vin
6 cuil. à soupe d'huile. de pepin de raisin
Quelques branches de persil plat
Quelques brins de ciboulette
Gros sel et poivre du moulin

• Écalez les œufs durs, hachez-les grossièrement, puis mélangez-les dans un bol avec la moutarde, le vinaigre, l'huile, les herbes ciselées, salez et poivrez.

DANS LA MÊME COLLECTION :

ZÉRØ GRAS

Jean-François **PIÈGE**

Plus de **50 RECETTES** lights et gourmandes qui ont fait leurs preuves

hachette CUISINE

58, rue Jean Bleuzen – 92178 Vanves Cedex

Direction : Catherine Saunier-Talec
Responsable éditoriale : Lisa Grall
Principe de maquette et couverture : Nicolas Gallois
Mise en page : Les PAOistes
Fabrication : Amélie Latsch
Responsable de la communication : Johanna Rodrigue (jrodrigue@hachette-livre.fr)
Responsable des partenariats : Dana Lichiardopol (dlichiardopol@hachette-livre.fr)

Dépôt légal : Mai 2022
10-5122-0
ISBN : 978-2-01-945347-3
Imprimé en Espagne par Estella